Kolofon
©Mathias Jansson (2020)
"Di ångermanländska IV – di återfunna."

ISBN: 978-91-86915-50-6

Utgiven av:

"jag behöver inget förlag"
c/o Mathias Jansson
Tvärvägen 23
232 52 Åkarp
http://mathiasjansson72.blogspot.se/

Tryckt: Lulu.com

Förord.

Det har gått några år sedan vi avslutade vår trilogi om "Di ångermanländska". Vi trodde när vi la handen på den sista samlingen att vi var färdiga och att det inte fanns så mycket mer att tillägga, men så fel vi hade. Vår gamle gode vän Helge Broman, som i sista antologin skrev en uppskattad historik om poesin i länet, har de senaste åren forskat en hel del i de efterlämnade arkiven från sin förfader Hubertus Broman, också en känd folklivsskildrare från trakten. Under arbetet hittade Helge flera intressanta texter och ledtrådar som ledde honom på en lång och spännande resa ut i Europa. Hans efterforskningar om den ångermanländska poesin har också lett till att okända dokument och manuskript lyfts fram ur glömskans mörker.

Vad Helge hittade under sina efterforskningar var något helt enastående och sensationellt. Vi kunde inför det nya materialet inte göra annat än publicera ännu en samling i serien "Di Ångermanländska". Vi har döpt samlingen till "di återfunna", för i sanning, det är precis vad det handlar om, bortglömda dikter av några av de mest spännande och unika poeter från trakten som blivit återfunna och första gången möter publiken igen.

Potatisens lov av Pär "Pära" Pärson

Pär Pärsons släkt har varit verksamma som potatisodlare i många generationer i Dämsta. Förutom potatisbonde var "Pära" en uppskattad poet och brukade skriva poesi under pseudonymen "Poetenpotäten". Han var också en framstående förädlare av potatis och tog fram många nya potatissorter under sin levnad. Det sägs att han odlade fram en speciell sorts potatis åt sällskapet Alkoholens Alkemister lämpad för brännvinstillverkning. Sorten fick namnet Rex Spiritius Edelbörd, men enligt en professor vid Uppsala Lantbruksuniversitet som genbestämt potatisen, så rör det sig bara om vanlig King Edward som drabbats av silverskorv pga ogynnsam lagring. Andra säger att det bara är förtal och förbannad lögn eftersom professorn bara ville hämnas eftersom han inte själv blev invald i sällskapet.

Det som är mindre känt är att "Pära" på 60-talet skrev ett antal dikter till en liten folder om "Potatisens lov" som ingick i en lokal informationskampanj för Lantmännen. Dikterna har länge varit försvunna, men i Lökoms hembygdsarkiv hittade jag ett slitet exemplar av publikationen och kan här presentera de återfunna dikterna.

3

Potatis, pära och potät
många namn har
den jordiska knölen

Den är alltid god
skivad, skalad eller gratinerad
stekt, kokt eller friterad
mosad, stampad eller pressad

Ska du laga fisk eller gris
låt dig väl smakas
för allt passar
med sås och potatis.

**

Ur jorden kommen
en gudomlig gåva
som du kan koka
med lite salt
stick med en sticka
sjunker den till mitta
då kan du servera
med smöret som smälter
på den varma potäten.

**

Vad är söndagssteken
utan potatisen?
Vad är kotlettraden i ugnen
utan potatisen?
Vad är den stekta abborren
utan potatisen?
Bra fattig skulle jag säga.

**

Nypäronen ur landet
lagom till midsommaren
kokar upp dem med dillen
serverar med snapsen och sillen
skalet är tunt och gott
för det är där smaken sitter
och alla de viktiga vitaminerna.

**

Amerika-dikterna av Jon Johansson

Vid 16 års ålder gick Kramforsgrabben Jon Johansson till sjöss. Efter några år på havet styrde han kosan till USA där han som många andra landsmän sökte en ny och bättre framtid. Men hemlängtan gjorde att Johansson återvände hem till barndomens trakter redan efter ett år. Under resten av sitt liv arbetade han med olika grovjobb inom skogen, flottningen och lantbruket. Han är mest känd för allmänheten för sin visionära diktsamling "en johansson stiger upp" som handlar om hur han hundra år efter sin död reser sig ur graven och upplever ett framtidssamhälle. Många av hans diktade förutsägelser har visat sig blivit kusligt besannade.

Via Internettet har jag lyckats lokalisera Jon Johansson i en databas i Amerika som innehöll diverse digitaliserade dokument från Minnesota, och där hittade jag de här tidigare okända dikterna. Dikterna är publicerade i ett litet jubileumshäfte utgivet av svensk-amerikanska sällskapet och beskriver Johanssons upplevelser av det nya landet.

Landkänning

När vi kom iland
så gick vi i skuggan
av nackspärrhusen
allt var så stort och spännande
ett myllrande av allt främmande
trängseln, lukterna och ljuden
de var som om
alla människor jag hade mött
under mina långa resor
trängts ihop sig på denna lilla ö

I sorlet av tyska, ryska och italienska
hörde vi några lösryckta ord på svenska
så vi gick fram och presenterade oss
Johansson och Blom var namnet
svenska sjömän som just stigit i land

Nä men si goda
Nu blev jag gla
Att träffa landsmän ida
svarade ett sällskap med smålänningar
som stod i färd med att börja
sin resa till Minnesota.

Rälsen västerut

För våra sista dollar
köpte vi en tredjeklassbiljett
och begav oss iväg västerut
det var trångt och svettigt på tåget
rökigt och högljutt
många led och klagade
men jag hade varit med om mycket värre
när jag som kock i kabyssen
lagade mat under en tropisk orkan

Vi såg bisonoxar på prärien
i fjärran en örnman på häst
och skogar med träd så stora
att tio man knappt kunde famna dem
sjöar som glittrade som hemma
men annars var allt stort och främmande

Efter några dagar kom vi fram
till slutdestinationen
då kassan och magen var tom
fick vi söka efter jobb
jag fick ett jobb i skogen
men Blom fick höra historierna
och fick guldfebern
och reste själv iväg till Klondike.

Återfärden

Det var ett hårt slit i skogen
lönen var låg
man gick mest och svalt
jag längtade hem varje kväll
till myren, älven och skogen
till mor och far i stugan.

Jag lyckades låna ihop en slant
av några bekanta
så jag kunde resa tillbaka

När jag stod på båten
och såg damen med facklan höjd
då vinkade jag ett sista adjö
och tänkte
att jag de senaste åren
seglat till mången hamn
men inget land
har legat mitt hjärta nära
inget land har jag kallat hem
utom mitt kära fosterland.

Benätarens resor genom Europa

Karl-Johan Johansson, i folkmun kallad Benätaren, föddes av en okänd moder på Ytterlännes kyrkogård, där han lämnades att dö som oäkting. Enligt legenden överlevde barnet på likdelar vilket gav honom en magisk förmåga att uppleva de dödas minnen genom att förtära deras ben. Barnet upptäcktes dagen efter och placerades i fosterhem hos familjen Johansson. Det gick tidigt rykten om att allt inte stod rätt till med barnet som hade en förkärlek för kyrkogårdar där han oftast sågs smyga runt i skymningen och vädra i luften som en hund.

Efter oroväckande rapporter om gravskändning riktades misstankarna mot Karl-Johan Johansson och han efterlyses av ordningsmakten, men trots ihärdigt sökande gick han inte längre att finna i länet. Det ryktades om att han begett sig ner till Europa. Efter många eftersökningar lyckades jag hitta ett spår som tog mig till Prag där jag i stadens polisarkiv hittade ett gammalt förhörsprotokoll där en svensk vid namn Carl-Jon Jonsson omhändertagits för lösdriveri i staden. I protokollet omnämns en anteckningsbok som tagits i beslag. Efter ytterligare efterforskningar lyckades jag i Prags riksarkiv hitta anteckningsboken och till min lycka visade sig den tillhöra Karl-Johan Johansson.

Anteckningsboken innehåller reseskildringar och dikter om hans äventyr i Europa. Karl-Johan Johansson släppte av polisen efter några dagar, men vad som hände med honom har inte gått att klargöra. Obekräftade rykten säger att han reste söderut och slutade sina dagar i Egypten där han arbetade som guide i Konungarnas dal.

Jag har valt ut tre av dikterna ur hans anteckningsbok, men hoppas längre fram kunna använda materialet till att skriva klar min biografi över Karl-Johan Johansson liv och öden och publicera en bok med hans efterlämnade dikter.

Berlin
Så står jag här i regnet
med ett ben i min hand
på den gamla militärkyrkogården
i mitten av Berlin
och känner de kluvna minnena
som tränger fram ur bensaften
jag känner igen slitningarna i mitt inre
mellan det kaotiska oregerliga
och det tydligt disciplinerade
lusten att skapa och bygga
mot mörkret att rasera
längtan till spänningen i världen
och tryggheten där hemma

Jag hör historiens röster
den märkliga kraften som strömmar
som älvens forsar rasar den
runt i mitt inre
om den mytomspunna Undine

Ur det fördolda hör jag en röst
som nämner namnet Emma
och jag tänker då på graven
där hemma
där jag återfann min mor
och den skam hon fick lida
som drev henne att föda

mig som en oäkting
och lämna mig att dö
på en mörk kyrkogård

Men liksaften och benmärgen
räddade mig
den fyllde mig med liv och magi
den gav mig kraften
förmågan att se
och höra de döda

Nu är jag för alltid
fördriven från mina hemtrakter
jagad av ordningsmakten
jag flyr från stad till stad
från land till land
söker skydd och tröst
bland Europas gravvårdar
gräver mig ner i myllan
för att lyssna på historiens röster.

Wien

När jag steg ut från krogen
hörde jag tonen som kallade på mig
förde mig genom Wiens vindlande gator
tills jag stod vid grinden till kyrkogården

Tonen hade förvandlats
till en enkel melodi
som lockade och ledde mig
till ett gammalt träd
där jag började gräva
efter en stund hittade jag benen
och tog ur jorden en benpipa
som jag förde till min mun

Vilka toner, vilka illusioner
som kom ur denna förtrollade flöjt
mina öron fylls av fågelmusik
mina ögon ser fantastiska äventyr

Men en arg röst i natten
ropar Halt und Polizei!
och ridån går ner för min dröm
en vakt har upptäckt mitt dåd
och jag blev tvungen att återigen fly
jagad genom landet från by till by.

London

En okänd kraft kallar på mig
som i trans följer jag rösten
den får mig att bryta sigillet
ner till den mörka gravkammaren
jag darrar i hela kroppen av skräck
när jag öppnar kistans tunga lock

Jag känner ondskan som stinker från liket
prytt med medaljer på sin frack
men jag kan inte låta bli
att låta fingret glida över kraniet
och avsmaka benets substans
bara för att få veta
hemligheten det döljer

Genast skräcken över mig sköljer
blod och åter blod
som forsar längs mörka gränder
knivar som blixtrar och händer
händer som lemlästar och styckar
kvinnornas inälvor

Jag snubblar och springer
från denna djävulska galenskap
jag spottar och hostar
i timmar sitter jag på krogen
och försöker med spritens hjälp
skölja bort smaken av död i min mun.

Gästen på Högbondens fyr

Högbondens fyr utanför Bönhamn invigdes 1909. Sommaren 1914 fick fyren besök från utlandet av en mystisk gäst. Det har länge spekulerats om vem den mystiska gästen som satt uppe hela nätterna i fyrtornet vid en skrivpulpet och skrev, kunde vara. Fyrens loggbok från året är förlorad och ger inga svar. Vissa rykten gör gällande att det skulle vara var självaste Sigmund Freud eller någon av hans lärjungar som besökte fyren. Men under min resa i Europa fick jag möjlighet att följa upp ett spår som ledde mig till Wien där jag träffade psykologen Hugo Siebensterne som kunde bekräfta att det var hans farfar Franz Siebensterne som var den mystiska gästen på Högbonden i juli 1914.

Franz Siebensterne var på sin tid en uppmärksammad psykolog och poet som ingick i de intellektuella kretsarna i Wien där bland annat Sigmund Freud rörde sig. När Franz återvände från sitt Sverigebesök var han förändrad och blev allt mer innesluten enligt sonsonen. Till allas förvåning gick han hösten 1914 i kloster och avla ett tysthetslöfte och yppade inte för någon ett enda ord om vad han upplevt under sin vistelse på Högbondens fyr. Jag fick möjlighet att ta del av de dikter som Franz Siebensterne skrev under sin vistelse på fyren. De är här översatta från tyska till svenska. I början är de ganska traditionella dikter men något inträffar under vistelsen och dikterna förbytts till skrämmande drömlika scenarier.

Den 4 juli 1914
Solen blir aldrig mätt
på sin spegelbild
den speglar sig hela natten
i havets spegel
medan måsarna driver
som vita näsdukar
längs horisontens rand.

Den 5 juli 1914
I fjärran styr ett skepp
mot horisonten
försvinner långsamt
ner i det undermedvetna
sjunker ner i drömmarnas hav
med sin okända last.

Den 6 juli 1914
Himlen mörknar
vinden tilltar
luften är elektriskt laddad
det ligger något hotfullt
och tungt över havet

En tyngd vilar över mitt bröst
en olustig känsla
samma som jag kände
när jag var ett litet barn
och hörde mina föräldrar bråka.

Den 7 juli 1914
Stormens vita skum
sköljer över ön nedanför
havet ryter ursinnigt utanför
fyrtornets rutor skallrar
jag sitter och darrar av skräck hela natten
instängd i en laterna magica
medan regnet piskar sina
skrämmande fantasibilder mot glaset

I gryningen har stormen
äntligen bedarrat
det är då jag ser hägringen
uppenbara sig vid horisonten
en häxring som reser sig ur havet
ett stumt stirrande reptilöga
som fyller mig med obeskrivlig skräck

Ett dov surrandet oljud
träffar mina trumhinnor
fönstret vibrerar framför mig
färgerna förändras utanför
på glaset avtecknar sig drömscener
av ohyggliga skildringar
obeskrivliga fasor
som tvingar mig att krampaktigt
driva naglarna djupt ner i köttet
tvingar mig att vakna ur denna
fruktansvärda mardröm.

Den 8 oktober 1914
I sömnen har drömmarna förföljt mig
jag kan inte undgå deras grepp
nattens ångest gör mig paralyserad
bara genom att skriva ner det ohyggliga
kan jag få någon form av lindring och ro

I drömmen står jag på slagfältet
gevären skjuter, kulorna viner
granaterna exploderar
runt omkring mig ligger
döende lemlästade unga män
fiende rusar mot mig
jag siktar med geväret
och skjuter
men geväret klickar
om och om igen
kallsvettig vaknar jag.

Den 9 oktober 1914
I drömmen grips jag
av den klaustrofobiska känslan
att vara hopträngd
med hundratals nakna kroppar

Från taken faller en vit dimma
människorna vrider sig i plågor
de krälar och ramlar över varandra
jag står oberörd kvar
medan de faller mot golvet
där helvetets eldar
slukar deras skrikande kroppar.

Den 10 oktober 1914
I drömmen går jag omkring
i en främmande stad
jag försöker fråga vad jag är
men ingen förstår
vad jag säger

Ett barn pekar mot himlen
och jag ser en svart fågel
som faller snabbt mot marken

Ljuset träffar mina ögon
mina kläder, min hud brinner
jag kastas iväg av tryckvågen
när jag öppnar ögonen
står jag i askan av en stad
där ingenting längre finns kvar.

Trollramsor av Hulda Karinsdotter

Vid renoveringen av gästgivargården i Hammar hittades ett hopknycklat papper under golvtiljorna. Det var en utriven sida ur förhöret med Hulda Karinsdotter anklagad för häxeri. I protokollet daterat 7 november 1674 vittnar vispojken Erik Eriksson om vad han sett.

Jag såg henne gå in i skogen vid midnatt. Jag följde efter och gömde mig bakom ett träd. Jag såg hur hon tog upp en levande korp ur konten och stack kniven rakt genom hjärtat och naglade fast den på ett träd. När blodet droppade på marken började den gamla trollpackan att mässa sina trollformler.

Korpblod, offerblod
droppar på tjärnens yta
snart ska stenar flyta
himlen och marken byta plats
fiskarna flyga i träna
rävar och björna vandra
på älvens botten
ur djupet ska gamlefar vakna
stirra med sitt eviga öga
och mot sjustjärnan sjunga
Te dem, ta dum, ti dim, um sum!
Ta mig med, ta mig hem
till tomheten igen.

Vid ett annat tillfälle såg jag henne smyga i skymningen borta vid kyrkogården. Gömd bakom en gravsten kunde jag se och höra vad hon gjorde. Hon skar sig i fingret och lät blodet droppa på marken innan hon började med sina okristliga besvärjelser.

Orpar Johan, Orpar Johan*
låt blode droppa i ögonen
så du åter kan se
låt blode droppa i käften
så du åter kan le och tale
säg mig sen hemligheten
om vad du gömt slantarna
för kon du sålde.

Sedan la hon örat mot marken och lyssna. Och jag kunde se hur hon nicka och log precis som hon talte med de döda därnere.

Sedan förra söndagen då jag gick förbi hennes hus hörde jag hur hon talade med någon. Jag kikade in genom fönstret, men jag såg bara henne stå och stirra in den brinnande elden. Men det var som hon talte med någon där inne i elden. Det här är var vad jag hörde.

Hin håle kryp ur din håla
låt dina demoner och djävlar
plåga den förbannade Laurentius
drabba honom med alla plågor
och låt han smaka helvetets lågor.
så ska själen min vara din.

Hulda Karinsdotter hava vid det sista vittnesmålet starkt protesterar och hävdat att hon aldrig åkallat något så obetydligt väsen som Hin håle utan hela tiden varit trogen gamlefar.

*Förmodligen har vispojken Erik hört fel på kyrkogården. Hulda ropade nog "Torpar Johan, Torpar Johan", som var hennes mans namn. Johan hade dött under pesthärjningen i trakten och begravts i en anonym fattiggrav i utkanten av kyrkogården.

Jag har försökt att utröna vad som hände med Hulda Karinsdotter efter förhöret. Hon omnämns inte i slutprotokollen, och finns inte heller med bland domarna eller bland de som avrättades på Bålberget. Det verkar som hon lyckades undkomma de förfärliga häxprocesserna. Jag har dock lyckats finna ett släktskap, som inte är helt styrkt, men Karin Hansdotter, känd i trakten som Kloka Karin, de verkar ha varit släkt i rakt nedstigande led.

Romantikern Adam Björnrot

Prästsonen Adam Björnrot från Styrnäs socken var i början av 1800-talet en lysande stjärna på den litterära himlen. Men efter ett ungdomligt snedsteg med en flicka från trakten som resulterade i ett utomäktenskapligt barn bestämde fadern Samuel Björnrot, att sonen behövde "tukt, disciplin och gudfruktig uppfostran" och skickade honom till Jämtlands regemente för att utbildas till militär. Fadern brände därefter alla spår efter sin sons "romantiska dravel", men i slutet av 1800-talet dök ett manuskript med några av Adams dikter upp på en auktion i Sandslån. Manuskriptet ropades in av Hubertus Broman och har sedan dess legat bortglömt i hans arkiv. Adam visade sig med tiden vara ett riktigt soldatämne och avancerade med tiden till majors rang, men poesin återvände han aldrig till.

Stormen

Älven ligger grå som en spegel
himlen ovanför
är ett mörkblått segel
fågeln gömmer sin unge
under vingen
allt är kvalmigt hett och stilla

Så drar en kyla genom skogen
tvätten på tork
fladdrar till som ett segel
man ser en krusning
som rusar över älvens spegel

En slingrande ljusgata tänds
och ett muller studsar
mellan himlavalven
och den första droppen
faller ner i kaffekoppen

Snart fylls vår berså
av syndaflodens regn
och himlens fylls
med blixtrande sken
och dundrande trummor.

Skogens väsen

Tidigt en morgon i skogen jag gick
med livsglädje och solsken i blick
när jag fick höra vindens sus
och toner från bäckens brus

Sakta smög jag mig närmare källan
ovetande om den förrädiska fällan
näcken spelte i bäcken på sin fiol
och vackra nymfer dansade i dimmkjol

De vackra flickorna ropade och lockade
de rörde sig förföriskt och pockade
drog mig in i ringen dans
och snart som i en trans
jag snurrade dum och stum
och glömde tid och rum

När jag av ett rop i fjärran väcktes
och synen framför mig släcktes
ensam stod jag kvar på scenen
åldrad och krum i benen
min livslust var bruten
och livets cykel sluten.

Till Emma

Emma fagraste vackraste mö
utan dig vill jag inte leva, bara dö
din ögon är stjärnorna i skyn
din barm har den vitaste hyn
de är ett böljande bergsmassiv
i skuggan av ditt smäckra liv

Dina läppar är rosenblad
dina tänder pärlor på rad
dina ögon djupa brunnar
om ock våra hungriga munnar
fingo för blott en sekund
mötas i en evig kärleksstund
då skulle jag salig bliva
och mina bojor riva

Jag skulle för evigt vårda detta minne
och kärlekslågan skulle för alltid brinna
i mitt unga hjärtas inre.

Det eviga

I älvens spegel
ser jag det eviga
det sköna och det sanna
molnens skiftande former
flyter sakta förbi som tiden
och måsens skuggbild
är som livets snabba flykt
den synes blott kort
innan den åter seglar bort

Tankarna vakar på ytan
som idéer i det eviga
de dyka upp och försvinna
medan solen på valvet brinna
det är en låga som ingen kan släcka
det är en eld som snillets kraft kan väcka.

Likbilen av Sjöman (Evert) Jansson

Förmodligen från 1971. Upphittad i dödsboet. Texten är en
fristående fortsättning på Olle Norells kända visa.

En svart bil far genom natten
det är en Volvo pv445 duett
förlängd för sitt dystra syfte
strålkastarna kastar sitt svaga sken
genom Nolaskogs täta vegetation

Man kan knappt tro det är sant
med det är bröderna Byströms likbil
som i visan for så vingligt fram
som renoverats och omlackeras
av barnbarnen Urban och Leif

Nu far den omkring i Övikstrakten
och väntar på samtalen
när det ringer i telefon
trycker de gasen i botten
och far iväg i natten

Bröderna Byströms likbil
står och spanar på en parkeringsficka
bakom fördragna gardiner
ligger en kista och väntar på sin kund
men man transporterar inte längre liken
nej, nu är det istället smuggelspriten

När kistlocket öppnas
förbländas man av ljuset
från den specialbyggda baren
här kan du köpa allt du vill

rysk vodka, billig whiskey
genever och svart renault
ja allt som finns
på bolaget och lite till

Några flaskor byter ägare i natten
innan bröderna fortsätter sitt förvärv
ja, så lever legenden vidare
om bröderna Byströms likbil
för den enes död
är som sagt den andres bröd
och förr körde man hem liken
men nu kör man ut svartspriten.

Dikter till Schopenhauer av Holger Näsman

När man vid Bjärtrås sockenbibliotek höll på att gallra gamla böcker hittade man en sliten kopia av Arthur Schopenhauers "Die Welt als Wille und Vorstellung" som man tänkte makulera. Men den observanta bibliotekarien upptäckte på försättsbladet en handstil som han genast kände igen. Det var den kända Bjärtråpoeten Holger Näsman som gjort anteckningar med sin blyertspenna i boken. Vid närmare granskning hittade man några små dikter av Näsmans hand i bokens marginaler, som nu publiceras för första gången.

En sån satans smart karl
det ä sant som det är sagt
ingen blir lycklig i livet
det är bara pessimisten som finner friden
livet är bara en illusion
där spriten dövar dödens
ångest och hallucination.

**

Livet är bra sorglig
det är en tragedi
besvikelse efter besvikelse
uppträder på scenen
man kan bara skratta
åt eländet.

**

Om man ändock hade levt
när du levde Schopenhauer
då kunde vi ha träffats
och jag bjudit på en snus
och vi kunde talt om allt elände.

**

Denna ständiga strävan
i vårt anletes svett
nä aldrig bli man nöjd

Skulle man mot förmodan hitta nåt
nåt man skulle vilja behålla
så blir det strax till stoff
och grus i ens hand
så det är bara att fortsätta sträva
och att leta vidare
så länge man leva.

**

Sistadagenboken av Erik Nyman

(dikten funnen i dr Molanders privata arkiv, daterad juli 1947)

Efter sju dagar och sju nätter
instängd i finnbastuns hetta
i mäskbrödernas sällskap
med deras renande vätskor
kom synerna åter till mig

Ärkeängeln Gabriel mötte mig
i morgonens mörker
han gick vid min sida
och med sitt flammande svärd
lös han upp mörkret
och hans röst dånade som åska
när han läste för mig
ur Sistadagenboken:

Erik Nyman du är en syndare
en supare och en simpel själ
jag har utvalt dig
att få höra och se
vad som står i Sistadagenboken
så du kan göra bot
och förkunna mina ord

Vi gick tysta i den tryckande värmen
när jag ute på myren såg
den vita älgen breda ut sina vingar
och svinga sig upp mot granens toppar
när ett skott ekade mellan bergen
och hans päls färgades röd
och han störtade ner död

Inte ens de snövita skola skonas
under Herrens älgjakt
dånande Gabriels röst
skottet ska alltid träffa rätt
jaktlagets kvoter skall fyllas
och himlens köttfrysar svämma över sina bräddar
kråkorna, korparna och rävarna
skola frossa på innanmätet
och äta sig feta på de fallna

Vi gick vidare genom skogen
då en skvader sprang över stigen
hack i häl kom en räv
med tre huvuden
räven hann snart i kapp
och bet skvadern sönder och samman
till ett blodigt byte

Treenigheten list
övergår syndarens förstånd
förklarade Ärkeängeln Gabriel
den som löper från sitt straff
ska blodig slitas i stycken
inför straffdomens jägare

Vi gick vidare och kom till en tjärn
mitt på tjärnen satt en man
han metade från en eka
då ytan klövs framför min syn
och urtidsgäddan dök upp ur djupet
som slök mannen och ekan

Den som fiskar efter synden
ska snart få honom på kroken
och slukas av urtidsväsendet
och dras ner i det bottenlösa djupet
förkunnade Gabriel
med sin dånande stämma

Vi gick vidare genom skogen
och kom fram till en rykande mila
jag hörde från dess inre
skräckfyllda rop på hjälp
och när jag böjde mig fram och tittade in
ryggade jag förskräckt tillbaka av synen
i den glödande kolen
kravlade män och kvinnor
brinnande omkring på varandra

Skåda de fördömda och deras plågor
i Guds mila skola syndaren renas
i plågornas eviga lågor
skall deras hjärtan och själar
brinna som svarta kolbitar
i domedagsnatten
berättade Ärkeängeln Gabriel för mig

Så kom vi fram till ett högt berg
och från bergets topp
såg vi solen som steg över horisonten
och solen sken över skogarna och tjärnarna
och över de två byarna som låg vid älven
men solen brände allt starkare
den brände som elden
och framför mina ögon

slukades de två byarna av lågorna

Såsom Sodom och Gomorra
ska alla syndfulla byar brinna
hembrännare, tjuvjägare och fartsyndare
ja alla ska de drabbas
av den himmelska eldens renande lågor
dånade ärkeängeln Gabriels röst
bara aska ska bliva kvar av husen och utedassen
och alla hembränningsapparater
skall av värmen smälta till metall

Som slagen av blixten
föll jag på knä framför ängeln
jag knäppte mina händer
och min själ darrade av ångest
när jag vände mig
med min vädjan
till Ärkeängeln Gabriel:

Höga, visa, gudomliga ängel
jag har lyssnat och jag har förstått
att allt som står i Sistsdagenboken
är sant och ska ske
jag ska ångra mig och göra bot
jag ska hädanefter förkunna dina ord
bara du skonar hembränningsapparaten
för hur ska jag kunna leva utan den?

Ärkeängeln Gabriel såg på mig
med sitt glödande ansikte och sade:
Hädanefter ska du kalla dig sankt Erik
och vara hembrännarnas skyddshelgon

du skola bilda ett sällskap
som värnar och bevarar
de heliga dryckernas traditioner och hemligheter
du ska sprida och dela med dig
av den renaste gudomliga källan
till dina medmänniskor
och i det saliga ruset ska de finna frälsningen

Ensam stod jag kvar på bergets topp
skådade över det vackra landskapet
kallsvetten rann längs skjortan
frossbrytningar drog genom kroppen
handen skakade och munnen var som en öken
när jag på darrande ben reste mig upp
fast övertygad att utföra den gärning
Herren befallt mig att utföra.

Konvalescentdikterna av Elsa Söderberg

Elsa Söderberg från Sollefteå debuterade med diktsamlingen "Min längtan" (1918). En diktsamling som fick ett mycket varmt mottagande av allmänheten och kritikerna och hon spåddes därför en lysande framtid. Tyvärr drabbades hon som många andra unga i hennes generation av den fruktade tuberkulosen och tillbringade mycket tid på Österåsens sanatorium fram till sin alltför tidiga död 1919.

Under ett besök hos goda vänner i Vilhelmina blev jag tipsad om att det hos en gammal dam fanns en dagbok som skulle ha tillhört Elsa Söderberg. Och mycket riktigt så visade det sig att uppgifterna stämde. I dagboken, som är skriven under vistelsen på Österåsens sanatorium 1919, berättar en ung kvinna om sina tankar om livet, döden och kärleken. I dagboken finns också en hel del outgivna dikter. Jag har valt ut några av dikterna till den här antologin, men hoppas vid ett senare tillfälle kunna ge ut alla dikterna i en samlad utgåva.

Jag såg en stjärna
i nattens rymd
den blinkade till mig
och talte om längtan
om det eviga
och allt som är
så lång bort från mig.

**

Utanför fönstret leker barnen
de samlar höstens färger
bruna, gula och röda
och i den strida strömmen
seglar deras pinnar och båtar

Här inne sitter jag
och väntar på att Karon
ska komma med sin eka
medan jag samlar på dödens färger
de röda, de vita och de bleka.

**

Jag längtar tills stjärnorna tänds
som fjärran ljus i mörkret
skänker de mig tröst.

Jag längtar tills stjärnorna tänds
de leder min längtan
till en rofylld plats.

**

Min prins när ska du komma
och sluta mina läppar
med din kalla kyss
och stilla min längtans begär

När ska vi resa bort
till slottet ingenstans
bortom bergens mörka skog
där mitt hjärta än en gång
ska fyllas med värme och ljus.

**

En ros står röd
på mitt nattduksbord
men på morgonen
hänger den slak
och har börjat
tappa sina blad
idag känns det som om
den rosen är jag.

**

Några snöflingor faller
i skymningen
luften känns kall och klar
jag tar ett djupt andetag
känner hur hjärtat slår
medan döden och livet
kämpar inuti mitt bröst.

**